Nuestro planeta es importante
Los océanos

Dana Meachen Rau

Marshall Cavendish
Benchmark
Nueva York

Saltar sobre las olas. Nadar en el agua salada. Navegar en un bote. Es divertido jugar en el océano.

Los océanos cubren gran parte del planeta Tierra. En realidad, los océanos cubren más superficie que la tierra. Los océanos cubren aproximadamente dos tercios del planeta.

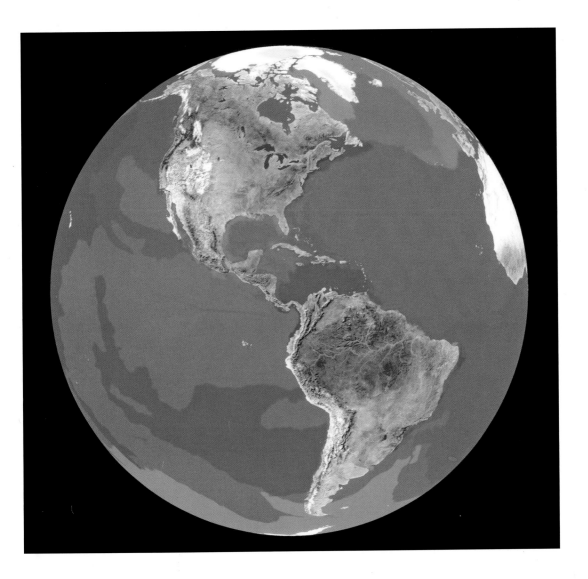

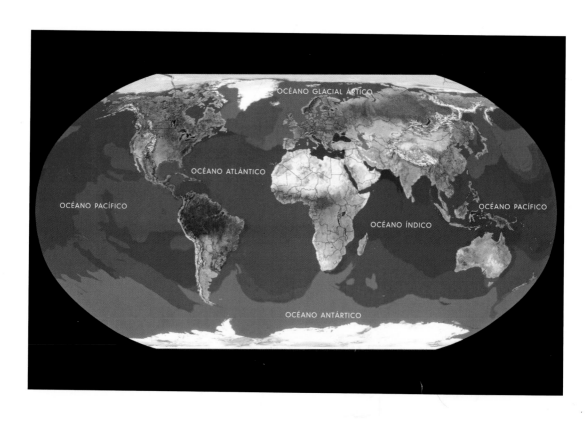

Los océanos principales son el Pacífico, el Atlántico, el Índico, el Glacial Ártico y el Antártico. El océano Pacífico es mucho más grande que los demás. Todos los océanos están conectados.

El océano se encuentra con la tierra en la *costa*.

Cerca de la costa, el agua no es honda: Es *poco profunda*. Pero en algunos lugares, el océano es muy profundo.

El fondo del océano se llama lecho oceánico. El lecho oceánico no es plano. Sus lugares más profundos se llaman *fosas*.

El océano también tiene montañas debajo del agua. Algunas montañas se asoman a la superficie. Esas son las *islas*.

La luz solar penetra la parte superior del océano. En ese lugar vive y crece la mayoría de los peces y de las plantas.

Mientras más te sumerges en
el océano, más oscuro es.

En lo profundo del océano también hay más *presión*.
La presión es el peso del agua sobre ti.

Los *oceanógrafos* se sumergen en las profundidades para aprender más acerca del océano. Usan naves resistentes llamadas *submarinos*, que no pueden ser aplastadas por la presión. Los submarinos también tienen luces potentes para ver en la oscuridad.

El agua del océano no se mantiene inmóvil. El viento forma olas en la superficie del agua. Y empuja las olas hacia la costa. Las olas se rompen en la orilla.

22

El viento también provoca las *corrientes*. Las corrientes son cursos de agua que se mueven rápidamente en el océano. Una corriente que circula por el Atlántico es la corriente del Golfo.

Las *mareas* son el movimiento hacia arriba y hacia abajo de la superficie del océano. Con la marea alta, el agua sube en la playa. Los botes pueden acercarse a la costa.

Con la marea baja, el agua se aleja de la costa. Se pueden buscar cangrejos en la arena.

Las personas usan el océano. Pescan para alimentarse. Buscan petróleo perforando debajo del lecho oceánico.

Los barcos cruzan el océano para llevar gente de un lado a otro.

Palabras avanzadas

corrientes Cursos de agua que se mueven rápidamente en el océano.

costa Lugar donde el océano se encuentra con la tierra.

fosas Lugares profundos debajo del agua.

islas Tierra totalmente rodeada de agua.

mareas Movimiento hacia arriba y hacia abajo de la superficie del océano.

oceanógrafos Personas que estudian el océano.

olas Ondas de agua que se mueven sobre la superficie del océano.

poco profunda No es honda.

presión Peso del agua.

submarinos Naves resistentes que pueden sumergirse en las profundidades del océano.

Índice

Las páginas indicadas con números en **negrita** tienen ilustraciones.

animales, **2**, 14, **14**, **15**, **26**, 27, 28

barcos, 28, **29**

corriente del Golfo, 23
corrientes, **22**, 23, 30
costa, 8, **8**, 9, **9**, 20, 30
cubierta de la Tierra, 4, **5**

fosas, 10, **11**, 30

islas, **12**, 13, 30

lecho oceánico, 10, **11**, 28
luz del sol, 14, 14

marea alta, 24, **2**
marea baja, **26**, 27
mareas, 24, **25**, **26**, 27, 30
montañas, **12**, 13

océano Antártico, **6**, 7
océano Atlántico, **6**, 7, 23
océano Glacial Ártico, **6**, 7
océano Índico, **6**, 7
océano Pacífico, **6**, 7
oceanógrafos, **18**, 19, 30
olas, **2**, 3, 20, **21**, 30

plantas, 8, **8**, **12**, 14, **14**, **15**
poco profunda, 9, **9**, 30
presión, 16, 19, 30
profundidades, 9, **9**, 10, **11**, 15, **15**, 16, **17**, **18**, 19, 30

submarinos, **18**, 19, 30

viento, 20, 23

Agradecemos a las asesoras de lectura
Nanci Vargus, Dra. en Ed., y Beth Walker Gambro.

Marshall Cavendish Benchmark
99 White Plains Road
Tarrytown, New York 10591
www.marshallcavendish.us

Library of Congress Cataloging-in-Publication Data

Rau, Dana Meachen, 1971–
[Oceans. Spanish]
Los océanos / Dana Meachen Rau.
p. cm. – (Bookworms. Nuestro planeta es importante)
Includes index.
ISBN 978-0-7614-3469-6 (Spanish edition) – ISBN 978-0-7614-3494-8 (bilingual edition)
ISBN 978-0-7614-3048-3 (English edition)
1. Ocean–Juvenile literature. I. Title.
GC21.5.R3818 2009
551.46–dc22
2008018488

Traducción y composición gráfica en español de Victory Productions, Inc.
www.victoryprd.com

Editor: Christina Gardeski
Publisher: Michelle Bisson
Designer: Virginia Pope
Art Director: Anahid Hamparian

Photo Research by Anne Burns Images

Cover Photo by *Photo Researchers*/F. Stuart Westmorland

The photographs in this book are used with permission and through the courtesy of:
Photo Researchers: p. 1 William Ervin; p. 8 Jeffrey Greenberg; p. 14 Gregory Ochocki;
p. 15 B. Murton/Southampton Oceanography Centre; p. 11 Alexis Rosenfeld; p. 17 Dr. Ken MacDonald;
p. 21 William Ervin. *Corbis*: p. 2 John Henley; pp. 5, 6 Tom Van Sant; p. 9 Larry Dale; p. 18 Ralph White;
p. 22 NASA; p. 26 Ecoscene/Richard Glover. *Peter Arnold*: p. 12 Franco Banfi; p. 29 Jim Wark.
Alamy Images: p. 25 IML Image Group.

Impreso en Malasia
1 3 5 6 4 2